AF230559

LA FRANCE

EN CONVULSION

PENDANT LA SECONDE USURPATION

DE BUONAPARTE.

LA FRANCE

EN CONVULSION

PENDANT LA SECONDE USURPATION

DE BUONAPARTE.

Sur la scène du Monde , Buonaparte a été
comme ces figures de la Phantasmagorie ,
successessivement très-petites , petites ,
grandes , gigantesques , colossales , mons-
trueuses , moyennes , petites , très-petites ,
et disparaissant enfin pour ne plus re-
paraître.

A LYON.

Imprimerie de J.-M. BOURSY, rue de la Poulaillerie, n° 19.

1815.

AVERTISSEMENT.

J E me suis proposé dans cet écrit d'esquisser rapidement le tableau des évènemens qui ont eu lieu à Lyon, pendant les trois mois de la seconde usurpation de Buonaparte. J'ai cherché à peindre avec les couleurs de l'indignation les scènes désastreuses dont cette ville a été le théâtre.

En effet, comment ne pas éprouver ce sentiment, en assistant à la représentation de l'affreuse tragédie du retour de Buonaparte, qui coûte à la France plus d'un milliard, et à l'Europe trois cent mille hommes : de ce tyran dont l'élévation fut criminelle, le règne sanguinaire, la chute honteuse : de cet usurpateur, qui, successivement soldat, général, consul, jeta, selon la pensée d'un écrivain, l'écharpe consulaire pour ceindre le bandeau des monarques, mais dont la tête trop faible pour supporter le poids immense de la couronne des Césars, a succombé sous un fardeau aussi lourd ?

Comment ne pas éprouver le sentiment de la plus profonde indignation, en voyant le délire presqu'universel, l'agitation, l'effer-vescence, les convulsions physiques, politi-ques et morales, que le retour de Buonaparte a produits : en pensant à cet oubli profond de tous principes, de toute morale ; à cette abnégation totale de tout devoir, de tout honneur ; à cet acharnement contre le meil-leur des Rois, décoré par son âge, anobli par ses malheurs (*), dont la clémence sans exemple, aurait dû faire tomber à ses genoux ses féroces ennemis ; à cette haine furibonde contre l'auguste famille des Bourbons, prin-ces qui n'ont fait que du bien, et qui en font tous les jours ! En un mot, à ces maladies épidémiques de l'esprit des Français, dont le siége est dans leurs têtes, le foyer dans leurs cœurs, et qui dès-lors, difficiles à gué-rir, risquent de devenir incurables ?

Pour peindre de pareilles scènes, il a fallu mettre mon style au niveau des cir-constances. Toutes mes narrations sont en

---

(*) Voyez le discours de M. le marquis d'Herbouville, pair de France, président du Collége électoral du dé-partement du Rhône. Cet écrit présente un tableau fidèle et rapide de la Révolution et des malheurs qui pèsent sur la France depuis vingt-cinq ans. Le style se fait remarquer par sa noblesse, et l'auteur par la pu-reté de ses sentimens, de sa conduite, et par son amour pour nos princes légitimes.

action : par là le discours a plus de chaleur, les descriptions plus de piquant, le récit plus de force, l'imagination plus de liberté, plus d'essor, l'ensemble, peut-être, moins d'agrément et un peu de monotonie. Mais un défaut qui serait insupportable dans un ouvrage de longue haleine, devient tolérable dans un écrit de quelques pages.

Le tableau que je présente, peut, à quelques particularités près, s'appliquer à toutes les villes de la France, qui se sont trouvées sur le passage de Buonaparte. Par-tout la même exaltation, les mêmes folies; par-tout les mêmes projets, les mêmes hommes. En 1793, les Jacobins, sans culottes et déguenillés, portaient un nom que leur mise ne démentait pas; le don de la parole leur avait été refusé. En 1815, les Bonapartistes-Fédérés étaient des sans-culottes culottés et habillés; ils avaient pour eux le glaive et la parole. Que ces derniers (bien plus dangereux que les autres) sont à plaindre, comme l'a dit un Auteur du moment, s'ils éprouvent chaque jour un remords par chaque forfait qu'ils ont commis ou fait commettre!

Ce petit Ouvrage n'est que l'avant-coureur d'un autre plus considérable, qui aura pour titre : Histoire de la ville de Lyon, pendant les trois mois de la seconde usurpation de Buonaparte. *Il présentera, par ordre chronologique, les détails de tous les évènemens qui ont eu lieu dans cette ville depuis le 1.er Mars 1815, jusqu'au 17 Juillet 1815. Ces détails, appuyés sur des faits authentiques, des pièces originales imprimées, ne laisseront aucun doute sur leur véracité. Ils pourront fournir des matériaux à l'Historien dont la plume éloquente entreprendra d'écrire l'histoire du dernier regne de Buonaparte.*

Mon intention en publiant cet écrit a été de ne désigner nominativement aucun personnage, mais je plains d'avance ceux qui se reconnaîtront dans la fidélité de mes tableaux.

LA FRANCE

EN CONVULSION

PENDANT LA SECONDE USURPATION

DE BUONAPARTE.

LA France fatiguée du règne tyrannique de *Buonaparte* savourait en paix les douceurs du gouvernement paternel des Bourbons. A la voix consolante de LOUIS-LE-DÉSIRÉ, le calme avait succédé à la tempête. A ce nom chéri le commerce avait repris son activité, l'artisan avait rouvert ses ateliers, l'agriculteur était retourné à ses champs, le laboureur à sa charrue, le conscrit était rentré dans le sein de sa famille; les sciences et les arts commençaient à fleurir, les effets publics étaient en crédit, la conscription se trouvait abolie, et l'industrie avait centuplé ses ressources ; que pouvait-on désirer de plus ? Mais des conspirateurs jaloux du bonheur de la patrie, machinaient l'affreux retour de l'homme de l'île d'Elbe. Son arrivée connue trois mois à l'avance de toute la secte bonapartiste et jacobite, était ignorée du gouvernement. Plongés dans une sécurité profonde , les Royalistes se livraient aux plaisirs, s'endormaient au bord du précipice, et pendant ce temps-là l'ennemi veillait (1).

Tout-à-coup son débarquement est annoncé. A cette nouvelle la joie et l'espérance, la crainte et la stupeur sont empreintes sur les visages. En vain le gouvernement veut prendre des demi-mesures ; il n'est plus temps. En vain MONSIEUR et le DUC D'ORLÉANS se rendent en diligence à Lyon(2). Leur présence et celle du fidèle *Macdonald* ne peuvent rien opérer sur l'esprit des troupes : elles méconnaissent la voix de leurs princes , les ordres de leur chef. En vain MONSIEUR adresse des proclamations aux Lyonnais, en vain il cherche à exciter leur courage, en leur rappelant leur conduite de 1793. Le peuple lui-même qui s'oppose aux faibles moyens de défense qu'on prépare , hâte par ses vœux le retour de l'usurpateur. Buonaparte n'a qu'à se présenter, les soldats et la multitude l'attendent.

Quelle plume assez éloquente pourrait décrire ce jour d'exécrable mémoire, où le frère du meilleur des Rois, forcé de quitter Lyon, est obligé de fuir devant un usurpateur? Dans ce jour de deuil et de tempête , de crainte et d'alarmes, d'angoisses et d'effroi, la vertu est couverte d'un voile funèbre , et le crime levant sa tête audacieuse , se montre sous mille formes hideuses. A l'arrivée du tyran , la France est bouleversée , et l'Europe menacée d'un nouvel incendie. Plus d'ordre , plus de lois , plus de frein ; la licence seule règne. Semblable à ces météores dévastateurs, à ces trombes de feu , à ces laves volcaniques qui consument tout ce qui se rencontre sur leur passage, à ces comètes dont l'apparition jette dans les esprits le trouble et l'effroi, le retour de Buonaparte occasionne un bouleversement général. Au seul bruit de son arrivée , les peuples se soulèvent, l'autorité du Roi est méconnue, et le souverain légitime obligé de descendre momentanément de son trône. A son aspect les habitans des campagnes accourent en foule au devant de lui , les villes lui ouvrent leurs portes , les armes tombent des mains des soldats , la terreur devient générale : tout plie , tout cède , tout fuit. Un avenir de tempêtes gronde sur l'horizon de la France. La marche triomphale de l'usurpateur acquiert la rapidité de l'éclair. Les lys palissent devant ses aigles victorieuses, qui volant rapidement du midi au nord, viennent se reposer sur les tours de la capitale. En quelques jours il traverse la France , et sans éprouver la moindre résistance , il vient pour la seconde fois , s'asseoir sur le trône de Henri-le-Grand , et ensanglanter de nouveau l'Europe.

Dans les villes on voit ce que la populace renferme de plus vil , la soldatesque de plus effréné , la société de plus immoral , entourer le char de ce chef des jacobins. L'épouvante le précède , la crainte l'accompagne , la terreur le suit. Les honnêtes gens sont dans la consternation , les Bonapartistes dans l'ivresse : son arrivée est un vrai triomphe pour eux. C'est un jour de fête et d'allégresse pour les êtres immoraux de tous les états , de toutes les classes , qui emportés par les prestiges d'un nom colossal, d'une réputation usurpée, ne peuvent espérer et obtenir une consistance que sous le règne d'un chef, qui est lui-même le chef de la canaille, le général d'une milice rebelle.

C'est sur-tout à Lyon que l'arrivée de l'usurpateur fait fermenter les esprits. A son aspect ses partisans *courent embrasser l'autel des Furies.* Des flots de peuple , quittant leurs maisons, leurs travaux, leurs ateliers, se répandent sur son passage, obstruent les chemins,

l'entourent, le pressent, le touchent, le féli-
citent de son heureux retour, le contemplent
avec admiration , se livrent à toutes les démonstrations de la joie la plus vive. Des
hommes, des femmes, des vieillards, des
enfans , présentant l'extérieur de la plus
affreuse misère (fidèle et malheureuse
image du gouvernement qui allait s'établir),
la plupart à demi-nus ou couverts de guenilles,
noirs de crasse, dégoûtans de sueur, enfu-
més de poussière, les yeux enflammés, la
figure en convulsion, la fureur sur les lèvres,
le rage dans le cœur, forment le cortége
du tyran. Leur frénésie, leurs mouvemens
convulsifs , leurs attitudes , leurs gestes,
leurs vociférations rappellent le souvenir
des Saturnales. On croirait voir les Bac-
chantes entourant le char de Bacchus. Mais
ce qu'on voit réellement , c'est Buonaparte
*chassé par la coalition des Rois, et rappelé
par la coalition des vices* (3).

Le soleil se refuse à éclairer cette scène
d'horreur. C'est au déclin du jour , que le
tyran fait son entrée qu'il enveloppe des
ombres de la nuit : il confie sa popularité aux
ténèbres. On voit alors ce que la misère offre
de plus abject , les difformités humaines de

plus dégoûtant, accourir au devant de l'usurpateur. C'est une rage , une frénésie, une
fureur, un délire. Mahomet et l'ermite Pierre,
prêchant, l'un le sabre , l'autre le crucifix à
la main , n'inspirent pas autant d'enthousiasme. Il semble que sa présence va rendre
la vue aux aveugles, l'ouïe aux sourds , la
parole aux muets , redresser les boiteux ,
faire marcher les paralytiques , guérir les
malades, enrichir les pauvres. Il semble que
leurs haillons vont se changer en habits magni-
fiques, leurs chenils en palais, leurs grabats en
lits de damas, leur misère en bonheur , leur
pauvreté en richesses. Il semble que le siècle
d'or va luire pour eux. Ils prodiguent le nom
de père, au Néron de leur patrie , qui décréta
la coupe réglée de leurs enfans, au bourreau
du genre humain, dont l'ame de fer ne fut
jamais malléable; de sauveur, à celui dont
tout le plaisir étoit de bouleverser les états et
de désoler les peuples ; de libérateur, au tyran
qui vient appesantir leurs chaînes, accroître
leur misère, et creuser sous leurs pas le nouvel abîme dans lequel il va les engloutir ; de
pacificateur, au monstre qui vient livrer à
l'invasion le territoire français, et attirer
sur la France tous les fléaux de la guerre

civile et étrangère. L'usurpateur à son tour, les flatte, les caresse, les trompe, se popularise, se mêle dans la foule (4), leur promet assurance, protection, amitié ; mais il s'indigne intérieurement d'un pareil cortége. Lassé de ne voir autour de lui que des monstres à figure humaine, de n'entendre que des cris discordans qui déchirent ses oreilles, épouvanté des fureurs qu'il excite, et des explosions de sa folle ambition, il demande dans un moment d'humeur, *s'il n'y a à Lyon que de la canaille* (5).

Enhardi par sa présence, excité par l'impunité, autorisé par la licence, le peuple convoitant le bien des riches, se partageant d'avance leurs dépouilles, se croit assuré du pillage. Il est le but de ses démarches, le terme de ses travaux. Les Bonapartistes ont les yeux sur le comptoir des marchands, sur le coffre des riches, sur les appartemens des nobles. Pendant trois jours des flots de canaille qui n'a rien à perdre, excitée et payée par les agens de Buonaparte, parcourent les quais, les places, les rues de la ville. A leurs vociférations épouvantables, à leurs horribles blasphèmes, on les prendrait pour une troupe de démons sortis des enfers : ils en ont la figure, ils en ont la fureur. On entend de toutes parts, *à bas les prêtres, à bas les calotins, à bas les aristocrates, à bas les nobles, à bas les royalistes, à bas le Roi, à bas les Bourbons, à bas le Ciel, à bas le bon Dieu, vive Bonaparte, vive Napoléon, vive l'Empereur, vive l'enfer* (6). Entraînés par leur fureur, ils se portent, le jour même de l'arrivée de l'usurpateur, sur les maisons des royalistes : les gestes, les menaces, sont les avant - coureurs du désordre. Des soldats conduits par des malfaiteurs, courent chez M. *Juliard* pour l'assassiner (7). En un moment la porte du café Bourbon est enfoncée, les vitres sont cassées, les tables, les chaises mises en morceaux. Huit mille paysans accourus du Dauphiné, avec des sacs pour avoir leur part du pillage, augmentent le désordre. Lyon touche au moment fatal, mais la Providence veille, et Lyon est sauvé.

Ces scènes de fureur jettent l'épouvante, inspirent l'effroi, répandent la terreur et la consternation. Chacun craint une insurrection, un mouvement populaire ; chacun redoute le pillage, l'incendie, l'assassinat, les proscriptions. Les prêtres se cachent, les nobles s'expatrient, les royalistes fuient, les

riches tremblent, les honnêtes gens frémis-
sent. Les Bonapartistes seuls lèvent leurs têtes
altières, ils triomphent, ils chantent victoire ; mais une victoire de courte durée.

La même perversité dont le peuple montre
l'exemple, se rencontre dans l'intérieur de
la société. Des hommes de toutes les classes,
de toutes les conditions, ne rougissent pas
de se mêler à la plus vile canaille. Novateurs
audacieux, abjurant tout principe de vertu,
tout sentiment d'honneur, perdant toute
honte, toute pudeur, ils se livrent à toute
l'effervescence du jacobinisme. Une Fédéra-
tion se forme, un club s'ouvre, et le palais
des arts, chef-lieu de la réunion générale,
devient l'antre de l'iniquité. Des fonctionnaires publics en deviennent les fondateurs,
les présidens, les membres, les meneurs,
les agitateurs. Bientôt toute la populace en
fait partie. Des hommes de loi, des chefs de
commerce, des médecins, des individus de
tous les états, sont confondus pêle-mêle avec
des sans-culottes, des ouvriers, des canuts,
des artisans, en un mot, avec la lie du peuple.
Ce sont eux qui dirigent, qui conduisent,
c'est-à-dire, qui bouleversent les hommes et
les choses, qui anéantissent toutes les idées

sociales, morales et religieuses. On fait dans
ce club les motions les plus incendiaires, les
extravagances les plus folles ; on y propose
les avis les plus féroces, les mesures les plus
sanguinaires. On veut rétablir le régime de
1793. On propose de comprimer et de faire
périr les royalistes et les prêtres, de dépouiller les églises de leurs vases sacrés. On cherche à soulever les esprits, à ameuter le peuple
et les soldats. Des adresses sont envoyées à
l'armée. Les murs de la ville sont tapissés
d'affiches, d'adresses, de proclamations incendiaires. Aux théâtres on donne les pièces
les plus horribles (8), on y chante les cou-
plets les plus infames. Les comédiens des
deux sexes qui refusent de chanter, sont
sifflés, dénoncés, et leur vie est exposée.

Tous les lundis, jours d'assemblée du club,
on porte en triomphe, le soir, le buste du
meurtrier du duc d'Enghien, entouré de
feuillage. Ces démonstrations idolâtres, faites
au son du tambour, aux cris d'une multitude
forcenée, présagent la chute du tyran, de ce
colosse « qui n'a paru tel qu'aux yeux de ceux
qui n'ont jamais voulu le voir qu'à travers un
prisme ». Ne pouvant plus se prosterner devant
cet homme orgueilleux, qui fit peser sur la

France une main de fer, que ses flatteurs avaient forgée, ils s'agenouillent devant son image (9). Mais ces promenades déplaisent à certains bonapartistes ; ils en conçoivent un mauvais augure. Ils se rappellent qu'on promenait ainsi à Lyon, les bustes de Marat et de Chalier, au moment de leur chute.

Au défaut du père, on promène le fils. Une tête de femme en cire, à perruque blonde, placée sur un brancard, entourée de feuillage, est la nouvelle idole que les Fédérés de la garde nationale de Lyon (qui l'ont seuls proclamé dans toute la France), offrent à la risée publique. Les gens sensés s'amusent de cette pantomime burlesque, de cette mascarade de carnaval, et le petit Napoléon II, « qui n'a rangé en bataille que des soldats de » fer-blanc, qui ne se recommande à nous » que par les crimes de son père (10), » promené pendant trois ou quatre jours seulement, subit le même sort que son cher papa l'ex-Empereur Napoléon I. « La statue » qu'élève la légèreté, a dit un écrivain, est » aussi fragile que le sentiment qui la met » sur le piédestal ; un souffle la renverse (11) ».

A l'exemple des Fédérés, les ouvriers qui viennent de travailler aux redoutes, armés de pelles , de pioches , de bâtons , portant des branches d'arbres en signe de trophée(12), promènent tous les soirs les bustes des deux Napoléon père et fils. Le bruit des tambours, les cris des factieux, les hurlemens de la populace, l'agitation , l'effervescence de toute la canaille, font frissonner d'horreur. Ce sont des cris de rage , de fureur , c'est le délire du désespoir , c'est l'agonie convulsive du bonapartisme.

A qui sont dues toutes ces folies, ces extravagances , cette effervescence , cette fièvre chaude ! aux *Fédérés !* A qui est dû cet esprit de rebellion dans la troupe , d'insurrection dans le peuple ? aux *Fédérés.* A qui sont dus tous les maux de la guerre civile et étrangère , les désordres de tous genres , les calamités de toutes espèces ? aux *Fédérés.* A qui est dû enfin le crime immense du retour de Buonaparte ? aux *Fédérés;* à ces agitateurs fanatiques , à ces odieux conspirateurs qui poussés par le génie du mal , ont allumé les torches du gouvernement révolutionnaire, secoué le brandon de la discorde, demandé l'expulsion des Bourbons, et dont la présence souille les murs de notre ville. A ces hommes qui égaraient les esprits avee le *talisman des idées libérales !* qui étrangers à tous les sentimens de la nature, de la religion et de l'honneur, nourris pendant vingt-cinq ans à l'école du crime, se proposaient de détrôner non-seulement tous les souverains de l'Europe, de bouleverser le globe, de couvrir la terre de cendres et de carnage; mais qui par leurs horribles blasphêmes s'efforçaient de rétablir les autels de Baal, et d'anéantir le culte du Roi des rois : qui dans leurs complots criminels se proposaient d'égorger les prêtres et les nobles, de détruire les églises (13), de dépouiller les riches de leur fortune, les hommes honnêtes de leur liberté : qui non contens de persécuter les vivans, violaient l'asile des morts, profanaient leurs cendres, détruisaient leurs tombeaux, insultaient à leurs mânes, disséminaient leurs os (14), et qui semblables aux géans de la fable, entassant le mont Ossa sur le mont Pélion, c'est-à-dire, crimes sur crimes, et forfaits sur forfaits, s'efforçaient dans le délire de leur fureur, d'établir le règne de l'irréligion et de l'impiété. Mais :

> J'ai vu l'impie adoré sur la terre,
> . . . .
> Je n'ai fait que passer, il n'était déjà plus !

A qui est due enfin cette conspiration infernale qui a ramené Buonaparte parmi nous ?
aux *Fédérés* ; à ces hommes coupables du
double crime de lèse-nation et de lèse-ma-
jesté ; à ces apôtres de la sédition, *armés de
la parole et du glaive* ; à ces hommes, qui
traîtres à leur roi, parjures à leurs sermens,
infidèles à l'honneur, incendiaires de leur
propre pays, ont voulu *achever tous les
crimes commencés, livrer le Royaume aux
poignards des séditieux, aux torches des
furies, mettre la cocarde tricolore sur le dia-
dême de S. Louis* (15), et placer sur le trône
des Bourbons, un usurpateur échappé du
sein des mers, un particulier obscur sorti
des roches stériles de la Corse, dont l'im-
mensité de son ambition a fait la fortune, la
prétendue gloire, et la criminelle renommée;
qui après avoir proclamé deux fois Buonaparte, auraient également reconnu le Grand-
Turc et le Grand-Mogol, l'empereur de la
Chine et le dey d'Alger, ou le premier am-
bitieux qui leur aurait convenu, pourvu qu'il
ne fût pas un Bourbon ou un monarque légitime. Adorateurs d'un colosse aux pieds d'ar-
gile, nouveaux Caïns marqués du sceau de la
réprobation, indignes de se trouver dans la

société des amis de l'ordre, qu'ils aillent dans les déserts de l'Amérique vivre parmi les tigres, les serpens Boa et les autres monstres, moins féroces qu'eux (16). Qu'à leur aspect, les animaux fuient épouvantés, que les hommes frissonnent d'horreur, que l'herbe se dessèche sous leurs pas, et que l'on dise :

Le flot qui les porta, recule épouvanté.

Ce sont les *Fédérés* qui ont troublé à Lyon, dans la journée du 13 juillet, la paix dont cette cité avait joui jusqu'alors. Il n'a pas tenu à eux que les scènes désastreuses auxquelles ils ont donné lieu ce jour-là, n'aient ensanglanté la ville et occasionné sa ruine. Ce sont eux qui ont excité le peuple contre les officiers Autrichiens qui s'étaient présentés sur la foi de la capitulation passée le 12 juillet, entre les armées Française et Autrichienne. A peine entrés dans la ville, ils sont reconnus et insultés. Les militaires se jetant avec fureur sur leur voiture, les menacent avec leurs sabres, les injurient ; des pierres pleuvent sur eux, des cris séditieux s'élèvent de toutes parts. En un moment ils sont entourés, investis ; on en veut à leurs jours. Ce n'est qu'avec beaucoup de peine que la garde natio-

nale parvient à écarter les mutins, et à con-
duire ces officiers chez le général. On place
des sentinelles aux portes pour contenir les
rebelles, on arrête le peuple qui s'était joint
aux militaires Français, et à onze heures on
fait sortir les Autrichiens en voiture par le
pont de la Guillotière.

On frémit en pensant aux suites d'une pa-
reille violation du droit des gens, d'une insulte
faite aux officiers d'une armée victorieuse qui
n'écoutant que sa fureur et les sentimens
d'une juste indignation, se serait précipi-
tée sur notre ville, et l'aurait livrée aux
flammes et au pillage. Voilà cependant les
maux que les Fédérés Lyonnais ou autres,
voulaient faire tomber sur Lyon. Telle est la
conduite de ces hommes qui se disaient *gens
sans peur et sans reproches*, les amis de leur
pays, les libérateurs de leur patrie.

Cette scène d'horreur n'était que le prélude
de celle qui devait suivre et qui avait été
préméditée, concertée par les fédérés (17).
Ces hommes dont l'unique occupation était
de troubler tous les esprits, avaient signalé
les maisons des bons citoyens, qui devaient être pillées, dévastées, incendiées.
Parmi elles la maison de M. *Boulard de*

Gatellier, où demeurait Madame de *Sermezi*, était désignée pour être livrée la première au pillage.

Aussitôt après l'affaire des officiers Autrichiens, des militaires conduits par des fédérés, se portent sur cette maison pour la piller. Trouvant la porte fermée, ils dressent des échelles contre les murs, cassent les vitres du premier étage, entrent par les fenêtres. Bientôt les portes sont enfoncées, et toute la maison est livrée au pillage. L'appartement de Mme. *Sermezi*, et son riche cabinet, sont en un moment bouleversés, ravagés.

A la perte comme valeur réelle en meubles, en linge, en or et en argent (18), s'en joint encore une plus affligeante pour un artiste, je veux dire celle d'une foule d'objets précieux qu'on ne peut ni refaire ni retrouver, et dont la destruction ne peut être appréciée et sentie que par les amateurs. Ce qu'il y a de plus affligeant dans toute cette catastrophe, préméditée et annoncée d'avance, c'est qu'elle a eu lieu dans une ville où se trouvaient des généraux, un préfet, un maire, un commandant de la garde nationale, un commissaire général de police, un corps de gendarmerie, dix mille hommes de gardes nationales , des troupes de ligne , une force armée, des autorités civiles et militaires !

Pendant que cette scène se passait à Bellecour, les autres quartiers de la ville étaient également menacés du pillage. A la première nouvelle de l'insurrection , on s'empresse de fermer les magasins , les boutiques , les portes de maison. Chacun se renferme, se barricade chez lui. La crainte s'empare des esprits, la consternation augmente, on craint à tout moment que le pillage ne devienne général, on tremble, on frémit. Des groupes de soldats à demi-ivres , parcourent les rues, les places, les quais , en poussant des cris effroyables. Ils s'arrêtent dans les cafés , chantent des chansons révolutionnaires. Des cris mille fois répétés de *vive l'Empereur, vive Bonaparte, vive Napoléon II, vive Marie-Louise , point de Roi, point de Bourbons, à bas les royalistes*, se font entendre de toutes parts. A l'entrée de la nuit, deux bataillons de gardes nationales de l'armée des Alpes, qui descendaient du côté de Bellecour, augmentent le bruit et le désordre. L'insurrection dure une partie de la nuit; mais le départ des militaires obligés de quitter Lyon, le 14 dès le point du jour, rend le calme à la ville.

Le régime de Buonaparte ne pouvant s'affermir que par la crainte, le tyran met à l'ordre du jour *la terreur impériale*. A peine arrivé, la proscription des prêtres et des nobles, la confiscation de leurs biens, les conscriptions, les levées en masse, les réquisitions de toutes les espèces, les impositions, les dénonciations, la cocarde tricolore, reparaissent de nouveau. Le trouble règne dans l'état, la discorde dans les familles. Les enfans se brouillent avec leurs parens, les femmes avec leurs maris. Les amis deviennent ennemis. Toutes les liaisons sont rompues, les rapports annulés. La diversité d'opinions met le trouble par-tout, et les personnes qu'elle désunit, deviennent ennemis irréconciliables. Chacun se fuit, chacun se craint, chacun s'évite. La société avilie ne présente que des délateurs et des espions. On voudrait ôter à l'honnête homme même jusqu'à la liberté de réfléchir; « on voudrait disposer de » tous ses secrets, mettre sa pensée aux fers, » enchaîner sa langue, pétrifier son cou- » rage. » Aimer Louis XVIII, lui être fidèle, voilà un crime irrémissible, impardonnable.

Il faut fléchir les genoux devant Moloch, adorer l'usurpateur étranger, qui a rendu le nom Français odieux à tous les peuples de la terre, corrompu nos mœurs, tyrannisé tous les âges, ravagé le monde, et qui a établi son règne par le glaive d'Attila et les maximes de Néron (19).

Ces désordres en amènent une foule d'autres. Les bras sont enlevés à l'agriculture au moment des récoltes. Les ateliers deviennent déserts. Les manufactures se trouvent sans ouvriers. Les relations intérieures et extérieures sont interrompues, les sciences et les arts négligés, toutes les branches d'industrie éteintes. Le commerce est paralysé, l'instruction publique anéantie. La jeunesse est envoyée à la mort, la génération destinée à vivre dans la guerre. L'Ecole vétérinaire et le Lycée sont transformés en écoles d'artillerie, et les élèves en canonniers. Le temps des classes est employé à l'exercice du canon, les études sont abandonnées, les professeurs royalistes dénoncés comme ennemis du gouvernement (20). L'insurrection éclate de toutes parts, le peuple sans travail, tombe dans la plus profonde misère.

Le régime anarchique jette de profondes

racines ; les *Fédérés* en deviennent les apôtres. Ils dressent des listes de proscriptions.
Les Royalistes dont les noms y sont inscrits,
sont mis sous la surveillance de la police(21).
Les dénonciations pleuvent de toutes parts.
Cette arme que des hommes vils peuvent seuls
employer, peuple les prisons. Les délateurs
sortent de tous les coins, ils se multiplient,
ils renaissent de leurs cendres. Dans les
promenades, les assemblées, les lieux publics, dans les sociétés particulières même,
on ne rencontre que des espions de la police,
des délateurs. Le plus infâme, le plus vil, le
plus ignominieux de tous les métiers, devient,
grace à la corruption de nos mœurs, le métier le plus en vogue. Il fournit à un grand
nombre d'individus, un moyen de subsis-
tance. Ces hommes méprisables, ces ames de
boue, ces agens de la police secrette, ces
caméléons féroces prennent toutes les couleurs des partisans de la maison des Bourbons, ils se déguisent sous mille formes, ont
recours à mille artifices. Ils empruntent le
langage du royalisme pour connaître les
serviteurs du Roi qu'ils dénoncent comme
suspects, et dont ils occasionnent l'emprisonnement. L'espionnage impérial est occupé

jour et nuit à fouiller les confidences amicales, le silence de la pensée, les vœux secrets du désir, et les soupirs de l'opprimé. Tour à tour délateur, juge et bourreau, ce caméléon perfide se compose de toutes les classes de la société. La flèche empoisonnée de la dénonciation siffle sur toutes les têtes, nulle n'est à l'abri de ses atteintes cruelles (22).

Non contens de ces vexations odieuses qui ne satisfont que leurs haines, leurs animosités, leurs vengeances personnelles, mais non leur cupidité, les Bonapartistes visent à la bourse des riches. Ils les saignent, les jugulent, les accablent de réquisitions en argent et en nature, de logemens militaires, d'impositions, d'emprunts forcés, de garnisaires, d'équippemens de troupes, de fournitures pour les hôpitaux. Ils exigent d'un très-grand nombre de particuliers trois, quatre lits complets. Ils menacent ceux qui refusent de fournir ces lits, de les mettre à l'amende et de loger les malades chez eux.

Le régime civil leur paraissant trop lent et trop doux, on établit un gouvernement militaire, ou pour mieux dire révolutionnaire. Lyon est mis en état de siége ; de ville de commerce, elle est transformée en ville de guerre, et hérissée de redoutes. Les citoyens sont forcés d'y aller travailler, et ceux qui s'y refusent, sont mis à l'amende. Les habits d'uniforme sont impérieusement exigés, on oblige tous les gardes nationaux à s'en faire. La garde nationale est régie par les lois militaires. Le nombre des bataillons est porté à douze. Les anciens officiers sont destitués, et les nouveaux élus à leur place, jouissent momentanément du plaisir de porter les épaulettes.

Sous prétexte d'établir des redoutes, de faire des retranchemens, de placer des batteries, toutes les propriétés sont violées, nulle n'est à l'abri, nulle n'est respectée. On foule les blés en épis; on arrache les vignes; on coupe les arbres; on détruit les jardins potagers, les prés, les champs, les luzernières; on ravage les parterres; on enlève le long des prairies, des promenades publiques, des chemins, des mottes de gazon pour consolider les redoutes; on abat les murailles, les clôtures, les haies, les portes des maisons de campagne; on crenelle les murs et les maisons; on met en réquisition des pieds d'arbres de toutes qualités; on ravage les bois, les forêts; on vexe, on tyrannise uniquement pour le plaisir de nuire ; on fait de l'aveu même des ingénieurs qui se plaisent à agraver le mal, à ruiner les particuliers, des fortifications superflues, des dégâts inutiles. Les maisons des Royalistes sont désignées de préférence, celles des Bonapartistes sauvées de la proscription.

Pour mettre la ville en état de défense, on rétablit le pont-levis de la Guillotière, on fait une tête de pont, au pont Morand, et des redoutes à toutes les portes de la ville. On ne voit par-tout que canons, boulets, caissons, fusils, épées, sabres, baïonnettes, fascines, gabions, chevaux de frise, palissades, tranchées, élévations de terrain, remuemens de terres ; on n'entend de tous côtés que le son des tambours, des fifres, des trompettes, des cris de *vive Napoléon*, *vive Bonaparte*, *vive l'Empereur* ; on ne rencontre que des caissons, des trains d'artillerie, des chariots remplis de boulets, de tonneaux, des fourgons, des convois militaires, des affûts de canons ; des soldats s'exerçant à la manœuvre ; des conscrits apprenant à monter à cheval ; des Auvergnats descendus de leurs montagnes, coiffés de shacots, affublés de redingottes, qu'on s'efforce de former au maniement des armes, et qu'on oblige malgré eux à devenir les défenseurs d'une cause qu'ils détestent ; des militaires de tous pays, de tous grades, de tout âge, allant, venant, courant, montant, descendant du midi au nord, du septentrion au midi, de l'orient à l'occident, entrant, sortant par toutes les portes, et désertant à la première occasion ; des gens armés de pelles, de pioches, travaillant bon gré, mal gré, à tort et à travers aux redoutes, détruisant les quais, les promenades, laissant par-tout des traces d'une destruction réelle, en attendant celle que les évènemens de la guerre semblent faire craindre et présager d'avance. En un mot, tout est en désordre, en mouvement, en activité, en agitation, en délire, en convulsion ; les militaires, le peuple, les Bonapartistes, les Fédérés ne veulent, ne demandent, ne respirent que la guerre ; ils l'aiment avec fanatisme. Toute cette effervescence, toutes ces extravagances, ces folies impériales, tendent à la dissolution complette du régime de Buonaparte, au renversement de sa tyrannie.

Pour défendre aux Alliés l'approche de la ville, des batteries sont établies sur les débris de l'ancien château de Pierre-Scise, du fort

Saint-Jean, sur les bastions des Collinettes. On pratique le long des remparts de la Croix-Rousse, des chemins couverts ; on ouvre les restes caverneux des anciennes casemates devenues le refuge des hiboux, l'asile ténébreux du crime.

Pour ôter aux ennemis l'entrée de la ville, on coupe le pont de la Mulatière, on mine celui de la Guillotière, on goudronne le pont Morand. Sans respect pour les lieux respectés en temps de guerre par toutes les nations, on bouleverse les cimetières, on remue les cendres des morts ; des canons sont braqués devant l'Hôpital, la Charité, la Bibliothèque publique. Les Cannibales n'ont jamais rien fait de pis, et tout cela, ne cesse-t-on de répéter, est pour le bonheur de la France, et *ad majorem Dei gloriam*. Une poignée de factieux étrangers à la ville, vexent, tourmentent, tyrannisent la masse des citoyens, et ils sont cause qu'on impute aux Lyonnais des horreurs qui ne sont que l'ouvrage de quelques Jacobins. Mais par une de ces combinaisons admirables de la Providence, toutes ces redoutes, ces fortifications, ces préparatifs de guerre, ces projets de défense deviennent inutiles. Les Alliés se présentent, l'armée française se retire, les postes leur sont rendus, les redoutes leur sont remises, et ils entrent aux cris de VIVE LE ROI !

Non contens de la subversion totale des choses, des lieux, des principes, le gouvernement s'occupe du changement des autorités civiles et militaires. Il destitue les Royalistes pour mettre à leurs places des créatures dévouées à Buonaparte. Il établit des autorités dans le sens de la chose. Le Gouverneur, le Maire, le Préfet, le Commissaire général de police nommés par le Roi, sont expulsés, des Bonapartistes les remplacent. Des Proconsuls, satrapes de la tyrannie impériale, avec des pouvoirs absolus, sous le nom de Commissaires extraordinaires ; des Généraux, des émissaires sous divers noms, affluent de tous côtés. Mander chez eux les citoyens désignés comme suspects, voilà leurs menus plaisirs du matin ; les faire arrêter, incarcérer, voilà leurs gentillesses du soir. La terreur accompagne leurs missions infernales.

De tous côtés les Jacobins se réfugient à Lyon. Cette ville devient le repaire de tous les Fédérés, le foyer de tous les crimes, l'asile de tous les militaires retraités. Les rues, les quais, les promenades, les lieux publics sont remplis de gens à figures sinistres, à moustaches, à barbes de toutes couleurs. Leurs propos répondent à leur air sombre et farouche , à leurs regards féroces, à leurs physionomies rébarbatives. Ils ne parlent que de vols, d'incendies , de pillage , de meurtres , de fusillade , de guillotine. Ils menacent de faire de Lyon et des départemens voisins, une Vendée impériale. Bravant l'autorité du Roi déjà reconnue, ils nient sa rentrée dans Paris, la reddition de la capitale, l'abdication de Buonaparte, et osent assurer que Lyon sera le *Palladium de la liberté française et de l'indépendance nationale.* Joignant la démence la plus extravagante à la conduite la plus effrénée, ne sachant ni ce qu'ils disent, ni ce qu'ils veulent, ni ce qu'ils font, ils se heurtent, se choquent, se querellent, se disputent, s'injurient et ne s'entendent pas. L'anarchie est complette.

Afin de faire marcher à la fois tous les genres de tyrannie, toutes les causes de persécutions , on renouvelle le cruel et inutile supplice du serment (23). On exige non seulement le serment de fidélité à Buonaparte , mais encore ce qui est bien plus odieux, la signature de l'*acte additionnel*, c'est-à-dire, la proscription à perpétuité des Bourbons. Ceux qui refusent leur adhésion, sont dénoncés, signalés comme les ennemis du gouvernement. Leur déchéance est prononcée , et ils auraient été sous peu destitués, poursuivis, emprisonnés et peut-être punis de mort, si la divine Providence qui ne permet pas qu'il tombe un seul cheveu de notre tête sans son consentement , n'avait mis fin à cette persécution par la victoire des Alliés.

Telles étaient à Lyon la situation des choses, et la tyrannie sous laquelle gémissaient les honnêtes gens qui semblaient marcher de malheurs en malheurs, lorsqu'on y apprit enfin , après la publication mensongère des prétendus succès de l'armée impériale, la défaite réelle de Buonaparte, et la perte de ses troupes. La nouvelle de la bataille de Mont-Saint-Jean changea entièrement la face des affaires. Les Royalistes entrevirent leur prochaine délivrance, la cessation de leurs maux, le terme de leurs longues souffrances, et la certitude de pouvoir respirer bientôt l'air vital de la Royauté. Les portes du bonheur s'ouvraient devant eux. Cette nouvelle fit pâlir le front des Bonapartistes. Attérés , ils commencèrent à craindre en

voyant s'anéantir le berceau de la puissance
de leur chef, et commencer l'agonie de son
pouvoir. Ce revers arrêta la fougue de leurs
desseins sanguinaires, et fit cesser leurs cla-
meurs homicides. Ainsi finit l'usurpateur,
après un règne de trois mois, et une campagne de trois jours (24). La chute d'un
tyran fait le bonheur du monde.

F I N.

NOTES.

(1) LE défaut de surveillance dans la police a favorisé le retour de Buonaparte. Faiblesse, lenteur, confiance, pardon, bonté, insouciance d'un côté; activité, audace, orgueil, vengeance, immoralité de l'autre, voilà les causes de ce retour. Tous les Bonapartistes, tout le peuple savaient l'arrivée de Buonaparte, l'annonçaient hautement, l'attendaient avec impatience, la désiraient avec ardeur. C'était un bruit public, c'était le sujet des conversations populaires, et le Gouvernement n'en était pas instruit. On désignait Buonaparte sous le nom de *père la Violette*. On fixait son arrivée à l'époque de la floraison de cette plante, et les gens en place ignoraient tout cela. On s'amusait, on dansait, on chantait, on donnait des fêtes. Le Carnaval de 1814 a été fort gai, le Carême fort triste. Buonaparte a paru, et on ne se doutait pas même de son arrivée. En 1814, aux fêtes de Pâques, les Royalistes avaient vu la résurrection de Louis XVIII; aux mêmes fêtes de Pâques en 1815, les Bonapartistes ont vu la dernière résurrection de Napoléon.

La Révolution française qui a si fortement influé sur le caractère des hommes, a également dénaturé les choses même les plus indifférentes. Le nom de *Violette* est devenu le surnom, le sobriquet des partisans de l'usurpateur. Selon leur degré d'attachement plus ou moins véhément, ils ont été appelés *Violettes simples, doubles Violettes, triples Violettes.* Mais il est résulté de cette dénomination , que le nom de *Violette* prodigué à Buonaparte et à ses sectateurs , a fait perdre à une des fleurs les plus jolies , les plus suaves , les plus utiles , toute la réputation qu'elle s'était acquise. Les bouquets de violettes , les couleurs violettes ne parent plus la tête des femmes , ne décorent plus leur sein , ne parfument plus leurs cheveux , ne colorent plus leurs vêtemens. Proscrite , avilie , objet du mépris des Royalistes, la Violette ne se relèvera pas de long-temps de l'injure qui lui a été faite, de l'humiliation dans laquelle elle est tombée. Tant il est vrai que le nom d'un tyran flétrit tout ce qu'il atteint.

Aujourd'hui la Violette n'est plus le signal des Bonapartistes , mais elle a été remplacée par les *Œillets rouges*. La première couleur , trop modeste , ne leur convenait guère. La couleur rouge de l'Œillet , leur rappelle le sang qui a coulé sous le règne de leur chef.

La Police devrait défendre ces signes de ralliement, ainsi qu'un petit mouchet de poils , nommé *Violette* , que laissent croître au-dessus du menton , les Bonapartistes qui croient encore au retour de Napoléon prétendu le Grand. Elle devrait également surveiller les malveillans qui répandent le bruit du prochain retour de Buonaparte , et qui le désignent sous le nom du *Père-Lavigne*.

(2) Lyon a été une des villes où l'arrivée de Buonaparte a produit le plus de fermentation. On a voulu calomnier ses habitans , en comparant leur conduite de 1814 avec celle de 1793. Mais ceux qui les ont inculpés ne se sont mis à la portée ni des temps , ni des hommes , ni des choses. Vouloir que les Lyonnais

de 1814 fussent les Lyonnais de 1793, c'était exiger l'impossible. Il eût fallu ressusciter les braves morts aux champs de l'honneur. Leur esprit a disparu avec eux.

Les Lyonnais qui en 1793 ont vaillamment défendu la cause de l'indépendance et celle de la Monarchie, sont réduits à un bien petit nombre. Les trois quarts de ceux qui se sont battus à cette époque, n'existent plus aujourd'hui. Les uns ont péri pendant le siége par le feu des ennemis. D'autres en plus grand nombre ont été traînés à l'échafaud après la reddition de la ville. Une partie de ceux qui ont échappé à ces deux genres de trépas, sont morts pendant les 22 ans écoulés depuis cette époque désastreuse. La génération qui a succédé à ces hommes valeureux, n'a pas connu les Bourbons qu'on leur avait dépeints sous les couleurs les plus noires. Une foule de jeunes gens privés de leurs parens, livrés à eux-mêmes, n'ont eu devant les yeux que l'exemple dangereux du vice et de la licence. Ils ont vu d'autres hommes, d'autres mœurs, d'autres temps que nous. L'espace écoulé entre ces deux générations est immense. Nés pendant les orages de la Révolution, ils n'ont vu et connu que Buonaparte, sa chute et le retour des Bourbons ont été un rêve pour eux.

La population nombreuse de Lyon, ville manufacturière, se trouve composée en très-grande partie d'ouvriers qui ne sont pas Lyonnais d'origine ; cette masse d'étrangers s'intéresse fort peu au bonheur et à la gloire de Lyon. Un très-grand nombre d'individus de diverses professions, établis dans cette ville, ne sont pas Lyonnais : une foule d'employés du Gouvernement, de militaires, de gens en place, tous partisans de Buonaparte, ne sont pas natifs de Lyon. Les domestiques de l'un et de l'autre sexe, tous originaires de la campagne, infestés en très-grande partie du virus bonapartiste, augmentent le nombre des étrangers. Si à cette masse déjà très-forte, on joint celle des vieillards incapables de faire aucune défense, des Royalistes sans caractère qui se sont cachés ou qui ont fui à l'aspect du danger, et cette foule d'émissaires envoyés pour s'opposer à tous moyens de répulsion, pour corrompre l'esprit public, ministère dont ils se sont fort bien acquittés, on verra que le nombre des Lyonnais de 1793, forme tout au plus un demi-quart de la population.

Que pouvait donc ce petit nombre d'hommes, contre la multitude des opposans ? Si les jeunes gens dont les pères sont morts pour la défense de leur patrie, avaient été animés des nobles sentimens de leurs mères, Lyon, pour la seconde fois, se fût immortalisé. Les femmes d'un certain rang ont manifesté et manifestent tous les jours un amour constant pour les Bourbons. Il ne manquait plus à leur gloire, que d'ajouter ce nouveau lustre à toutes les qualités dont la nature les a douées ! Mais que pouvaient des êtres faibles contre la rage des factieux ! Bernardin-de-St.-Pierre, l'auteur qui a le mieux apprécié le caractère des femmes, disait qu'il estimait le jugement d'une femme égal à celui de deux hommes. Dès-lors la pluralité absolue des suffrages à Lyon, est en faveur du Roi, toutes les Dames sont pour Louis XVIII. Les amis du Roi s'honorent de partager leurs nobles sentimens.

Les conspirateurs avaient choisi Lyon pour le point central de la conjuration. Le malheur a voulu que cette ville se soit trouvée sur le passage de Buonaparte.

Sans défense, sans fortifications, sans armes, sans point de ralliement, ouverte de toutes parts, elle renfermait dans son enceinte, des troupes envoyées exprès pour y attendre l'usurpateur et favoriser son entrée, et dans son sein, une populace nombreuse qui n'ayant rien à perdre, espérant tout d'un nouvel ordre de choses, comptant sur le pillage, hâtait par ses vœux le retour du *Père-la-Violette*. Supposons que Lyon eût arrêté un moment la course de Buonaparte, sous peu cette ville eût été soumise, mais du moins les Lyonnais auraient ajouté un fleuron de plus à la couronne de 1793. Ce noble effort eût augmenté leur gloire, mais il n'aurait pas empêché l'usurpation du Tyran.

Les nombreux émissaires envoyés par Buonaparte à Lyon, pour corrompre l'esprit public, avaient rempli leur mission infernale à la satisfaction des conjurés. Le peuple qui n'a pas assez de lumière pour discerner le bien d'avec le mal, la vérité d'avec le mensonge, avait stupidement ajouté foi à ces prétendus décrets de fabrication jacobite, relatifs au rétablissement de la dîme et des droits féodaux, décrets imprimés et répandus en France par les émissaires du Tyran. Croyant à tous les faux bruits que les Bonapartistes faisaient courir, et aux mensonges innombrables inventés par les partisans de l'usurpateur, les gens de peuple s'imaginaient toucher à leur dernière heure. On leur faisait croire que les Royalistes voulaient les assassiner, les voler, les dépouiller, incendier les maisons qu'ils habitaient. On voyait des individus des deux sexes, couverts de haillons, ne possédant rien au monde, témoigner des craintes ridicules, et même risibles. Des femmes toutes ratatinées, courbées sous le poids des ans et de la misère, croyaient leur vie exposée, leur honneur compromis, leurs guenilles enviées. La crainte même s'était si fort emparée de leurs esprits, la terreur les avait tellement saisies, qu'on aurait plus facilement fait remonter le Rhône vers sa source, que de leur faire entendre raison. Frappé de terreur, le peuple a dû craindre le retour des Bourbons. On lui disait que Buonaparte devait le rendre heureux, et que le Roi devait le faire périr. Il a dû préférer le régime de Buonaparte qui, sous le nom de père, a été leur tyran, et rejeter celui du Roi qui, représenté comme un tyran, est leur véritable père. Buonaparte voulait que tous les Français se sacrifiassent et mourussent pour lui, Louis XVIII veut que tous les Français vivent pour être heureux et pour l'aimer.

Les Bonapartistes qui cherchaient des fermens de discorde et de trouble, censuraient amèrement toutes les opérations du Gouvernement. La distribution des croix d'honneur fournit aux militaires l'occasion de crier. Ils se plaignaient que le Gouvernement prodiguait une décoration qu'ils avaient gagnée au prix de leur sang sur le champ de bataille. La calomnie ajoutait que S. A. R. Monsieur avait intention d'avilir cette croix en la multipliant à l'infini, et en la donnant à des individus dont les trois quarts n'avaient aucun titre pour la mériter.

La vérité oblige de convenir que ces reproches étaient en partie fondés. En effet, l'opinion publique dont les jugemens sont vrais, s'était fortement prononcée contre la majorité de ces croix, et on peut dire que la plupart des nouveaux dignitaires ont plus perdu que gagné à la mettre en évidence.

D'un autre côté on ne peut se dissimuler que la plus grande partie de ces croix a été accordée à des Bonapartistes, c'est-à-dire aux ennemis du Roi, et que les Royalistes en ont été privés. Il y a même une observation frappante. Premièrement, ceux qui ont obtenu la croix d'honneur sous Louis XVIII ne l'avaient pas eue, et vraisemblablement ne l'auraient jamais obtenue sous Buonaparte. Secondement, le plus grand nombre de personnes décorées par le Roi, étaient des Bonapartistes qui l'ont trahi. A quoi donc a servi cette distribution ? A faire des traîtres et des ingrats. Mais quelle différence dans la conduite des Bonapartistes et des Royalistes ! Les premiers, comblés des faveurs de Louis XVIII, l'ont trahi ; les Royalistes, privés de ses bienfaits, lui ont été fidèles. L'honneur a guidé les uns, la fureur et l'ingratitude ont conduit les autres.

La décoration du Lis, recherchée dans le principe par les Bonapartistes (qui croyaient en portant un ruban blanc à leur boutonnière, se faire passer pour des amis du Roi), n'a pas eu un sort plus brillant que la croix d'honneur. Elle a été accordée indistinctement aux amis et aux ennemis du Roi, aux Bonapartistes et aux Royalistes, aux enfans même ; et ceux qui ne l'avaient pas obtenue, s'arrogeaient d'eux-mêmes le droit de la porter.

Le refus d'accorder aux Lyonnais qui avaient fait le siége une décoration particulière, a également augmenté le nombre des mécontens. On demandait une médaille en argent, représentant d'un côté un lion couronné, tenant à une de ses griffes une épée, et sur le revers ces mots : *Siége de Lyon*. La médaille a été remplacée par un liseré amaranthe sur les côtés du ruban du lis , qui a été accordé à toute la Garde nationale. Dès-lors il n'y a eu aucune distinction entre les personnes de 40 à 60 ans qui ont fait le siége, et des jeunes gens de 20 ans qui n'étaient pas nés lorsque leurs pères se battaient. Il avait été expressément stipulé que le ruban liseré ne pourrait être porté qu'avec l'habit d'uniforme , par les personnes qui n'avaient pas fait le siége ; mais on a vu et on voit encore tous les jours, des jeunes gens en habits bourgeois avec le liseré amaranthe.

La suppression de la Loterie , cette idole du peuple , avait fait murmurer la classe indigente , et principalement les employés dans cette administration. On était fâché que le Gouvernement eût ôté aux uns les moyens de se ruiner , et aux autres celui de gagner aux dépens des joueurs.

Une secte nombreuse de gens poussés par un esprit de religion mal entendu et un zèle hors de saison , avaient fourni un sujet de plainte aux ennemis du Gouvernement. Ils demandaient le rétablissement des Jésuites et la suppression de l'académie de Lyon. Cette dernière demande qu'ils avaient obtenue , était motivée sur le spécieux prétexte de divers abus dans l'enseignement , et de quelques réformes nécessaires dans les membres de ce corps. Mais convenait-il de solliciter, pour de pareils motifs , la suppression entière de l'académie , et d'envelopper tous ses membres dans une même proscription ? Il fallait corriger les abus , réformer le corps , mais non pas le détruire. Cette suppression faite tout-à-coup d'une manière peu flatteuse pour les membres de l'académie , avait occasionné des réclamations générales pour sa conservation. Son existence fut reconnue utile et avantageuse après sa suppression, mais le mal était fait. On supprimait un corps enseignant qui n'était remplacé par aucun autre.

Le rétablissement des Jésuites, plus difficile à exécuter que la suppression de l'académie de Lyon, était une idée si non chimérique, du moins très-extraordinaire. Vouloir rétablir un corps détruit depuis environ 60 ans, n'était pas chose aisée à faire. Il était sans doute facile d'affubler de la robe et du nom de Jésuites, les individus désignés comme les futurs précepteurs de la jeunesse ; mais ce qui devenait impossible ; c'était de leur donner l'esprit, les talens et les lumières de ce corps illustre. Ils auraient peut-être pu les acquérir par la suite, mais les individus revêtus du nom de Jésuites auraient-il tous hérité de leur expérience consommée dans l'enseignement ! Il fallait donc commencer par former des sujets, et avant qu'ils eussent été en état d'enseigner, il se serait écoulé au moins huit à dix ans. Cette réforme ne pouvait donc pas s'opérer tout-à-coup. D'ailleurs depuis la suppression des Jésuites, la forme de l'enseignement a changé. L'instruction publique confiée autrefois à des célibataires vivant en communauté, l'est aujourd'hui à des hommes mariés, vivant dans le monde. Qu'aurait donc fait le Gouvernement des professeurs actuellement existans ? Les aurait-on renvoyés pour mettre à leurs places des nouveaux venus ! Si l'enseignement des Jésuites n'avait pas été au niveau des connaissances actuelles, l'instruction aurait donc fait un pas rétrograde. Pour la maintenir telle qu'elle est aujourd'hui, sur-tout pour la physique, la chimie, l'histoire naturelle, il aurait fallu au moins douze à quinze ans avant d'avoir formé des professeurs dans ces sciences, dont une seule demande la vie entière d'un homme. Il fallait donc réfléchir avant de détruire, et combiner avant de bâtir.

Le logement et la nourriture des troupes autrichiennes avaient occasionné un grand mécontentement. On se plaignait peut-être moins de ces charges dues aux circonstances, que de la manière dont elles étaient réparties. Les individus chargés dans les divers quartiers de la distribution des logemens militaires, l'avaient faite avec une partialité révoltante. Ils s'en étaient exemptés eux, leurs parens et leurs amis, et cet allégement sur les charges en faveur de certains individus, rendait le fardeau plus lourd pour les autres citoyens. Des gens riches n'avaient pas de soldats, ou du moins très-peu, et des individus peu fortunés en étaient accablés. Les Royalistes étaient vexés, et les Bonapartistes épargnés. Il en est de même cette année pour les logemens militaires, et sur-tout pour la répartition des contributions et des taxes de guerre extraordinaires. Cela tient à la composition des administrations, infectées encore de Bonapartistes, c'est-à-dire d'ennemis du Gouvernement, qui cherchent à vexer les fidèles serviteurs du Roi, et à favoriser les gens qui partagent leurs opinions révolutionnaires. Cette année comme l'an passé, les charges pèsent sur les Royalistes. Cela tient à plusieurs causes, savoir : la promptitude, la négligence et la partialité avec lesquelles les rôles ont été faits. Je pourrais citer ici mille exemples de cette vérité. Mais le triomphe de l'iniquité n'a que trop duré. Osons espérer que sous peu, le Gouvernement épurera tous les corps de l'état, comme l'on épure l'or au creuset.

Les agens de Buonaparte , toujours ingénieux à inventer des moyens pour soulever les esprits , avaient fait courir le bruit que l'épizootie apportée par les Autrichiens , était due au Gouvernement. Ils avaient exaspéré l'esprit du peuple , en lui désignant le Roi comme la cause de ce fléau. Ainsi la perfidie , la mauvaise foi , les médisances , les calomnies des Bonapartistes , tendaient à susciter chaque jour de nouveaux ennemis à Louis XVIII.

Le commerce qui est l'ame de Lyon , tient à la position de cette ville située au confluent de deux grandes rivières. Mais l'intérêt qui est le mobile des spéculations commerciales , a changé pendant la révolution et (principalement sous le règne de Buonaparte ,) la face du commerce. La bonne foi avec laquelle Lyon le faisait anciennement , lui avait attiré une confiance sans borne de la part des étrangers. Mais la subversion totale de l'ancien régime , la soif immodérée des richesses , le désir de faire en quelques années une fortune rapide par tous les moyens bons ou mauvais , ont excité l'ambition des hommes immoraux , retenus autrefois par la crainte des punitions. Ils se sont livrés à des spéculations , sur-tout sur les denrées coloniales, dont la réussite dépendait des chances variables de la guerre. Entre leurs mains le commerce est devenu un vrai cabotage. Trafiquant avec les fonds d'autrui , ils avaient tout à gagner , et rien à risquer. S'ils réussissaient, leur fortune était faite ; s'ils échouaient , ils présentaient leur billan , et s'enrichissaient aux dépens de ceux auxquels ils faisaient perdre. Aussi a-t-on vu, en 1814 , pendant les trois derniers mois du règne de Buonaparte, plus de faillites (non-seulement à Lyon, mais dans toute la France), qu'on n'en avait éprouvé anciennement pendant vingt ans. Chaque jour on en voyait éclore et afficher de nouvelles. L'impunité des lois favorisait encore les friponneries des banquerou- tiers. On a vu des individus obscurs qui n'avaient fait que végéter, acquérir en quelques années des fortunes gigantesques, ou présenter des bilans de deux millions cinq cents mille francs. C'est principalement dans le commerce de l'épicerie, favorisé par la guerre, que les chances commerciales ont éprouvé les plus grandes variations, et que les banqueroutes ont été les plus nombreuses. Ce même fléau favorisait également le commerce des chargeurs. Ils trouvaient leur intérêt dans sa continuation. En temps de guerre le roulage se fait par terre, en temps de paix il se fait par mer. Les fabricans de toiles de coton, de mousseline, pré- féraient également la guerre, qui favorisait leur com- merce et alimentait leurs fabriques. Quelques négocians assez ennemis de leur pays, n'écoutant que leurs inté- rêts, faisaient passer à l'étranger des objets de divers genres, qui ne peuvent se fabriquer qu'à Lyon, et enrichissaient ainsi les fabriques étrangères aux dépens des nôtres. On ne doit donc pas être surpris que les négocians, dont le régime de Buonaparte favorisait le commerce, aient préféré son gouvernement. Mais je dois dire ici à l'honneur des Lyonnais, que la presque totalité de ceux dont la conduite a été véreuse, ne sont pas natifs de Lyon. Ils ne sont venus dans cette ville que pour s'emparer de son commerce, et l'avilir.

D'après l'exposé que je viens de faire de la situation des choses et de la disposition des esprits à Lyon, on voit que c'était exiger une chose impossible, de vouloir

que les Lyonnais de 1814, fussent les Lyonnais de 1793.
Depuis l'époque du siége, il s'est écoulé, comme je l'ai
dit, un siècle d'intervalle dans l'opinion, les mœurs,
les temps, les choses et les hommes. D'ailleurs est-il
étonnant que les Lyonnais de 1814 ne soient plus les
Lyonnais de 1793, puisque tout le monde convient
généralement que les Français de 1815, ne sont plus les
Français de 1789 ! La nation toute entière a subi une
triste et déplorable métamorphose.

Si après avoir développé les causes qui ont changé
l'esprit public à Lyon, nous jetons un regard sur la *bonne
ville de nos Rois*, nous verrons une cité plus malheureuse que coupable. Ce que Lyon a été, il est prêt à le
devenir, mais les sentimens des Lyonnais sont encore
comprimés aujourd'hui. Qu'on se rappelle l'enthousiasme
qu'y produisit l'année dernière l'arrivée de S. A. R.
Monsieur, et celle de l'incomparable Fille de Louis XVI.
La fête de l'Isle-Barbe où cette auguste princesse assista,
est une des plus belles dont l'histoire fasse mention.
Combien cet enthousiasme serait encore plus véhément
aujourd'hui, si nous avions comme à Bordeaux, le bonheur de voir la digne Fille de Marie-Thérèse, et son
valeureux Epoux, couple auguste, l'orgueil et la gloire
de la France ! Oui, j'ose le dire, Lyon a fait un grand
pas vers la Royauté. Elle compte dans son sein une Jeunesse fidelle, faisant partie de l'armée du Midi, sous le
nom de Partisans Royaux, Chasseurs de Henri IV.
Ces braves ont cherché le mois de Juin dernier à déli-
vrer leur patrie de l'oppression. Mais leur courage a
échoué contre la force et la trahison. Soixante et douze
individus d'arrêtés, ont eu l'honneur de payer par la
perte de leur liberté, et un emprisonnement de dix-sept

jours, leur noble dévouement pour la plus belle des causes.

Lorsque la terreur planait sur la tête des Lyonnais, des jeunes gens animés de l'amour de leur patrie, s'enrôlaient sous l'étendard des lys, et allaient grossir l'armée Royale. On compte plus de deux mille volontaires royaux Lyonnais enrôlés par les soins et le zèle du Commissaire du Roi, *Saint-Esprit*.

Si nous jetons les yeux sur Lyon, nous verrons que l'amour de la Royauté a toujours germé dans le cœur de ses habitans. Au moment même de la plus grande terreur, des hommes, des femmes, des enfans, adressaient au ciel les prières les plus ferventes, les vœux les plus ardens pour la conservation de l'auguste famille des Bourbons ; les Ministres du Seigneur refusaient de prier pour l'usurpateur, et des Fonctionnaires publics fidèles à Louis XVIII, repoussaient avec horreur le régime du nouveau Cromwel. L'église de Notre-Dame de Fourvières était remplie jour et nuit d'une foule de personnes des deux sexes qui venaient prier le Dieu des armées pour la Famille royale. Les Dames sur-tout se sont distinguées par leur piété et leur zèle. Combien en a-t-on vu tomber évanouies, verser des torrens de larmes, donner tous les signes du plus violent désespoir, en apprenant le retour de Buonaparte, et la fuite de Louis XVIII ! La perte d'un père, d'un époux, d'un enfant chéri, ne leur aurait pas été plus sensible.

Enfin tant de vœux, tant de prières, ont été exaucés. Louis XVIII est assis sur son trône, et les Lyonnais ont fait retentir les voûtes des temples, d'actions de grâces. Le jour de la St. Louis a vu une fête des plus majestueuses. Deux mille Dames ou Demoiselles vêtues de

blanc, précédées de banniéres resplendissantes , de cor-
beilles de fleurs , ont été processionnellement rendre à
Notre-Dame de Fourvières le vœu qu'elles avaient fait
pour le retour et la conservation des Bourbons. La marche
religieuse était ouverte par l'Oriflamme , présentant un
lion d'or sur un fond d'azur , parsemé de fleurs de lys.
Les Autorités civiles et militaires , les généraux et officiers des troupes alliées , une députation des Chasseurs
de Henri IV , toutes les Corporations et Confréries de
la ville augmentaient la pompe de la cérémonie. Un ciel
pur et serein, un jour sans nuages , le calme profond
des airs, les soupirs de la piété, le recueillement des
spectateurs, le concours immense du peuple , rendaient
encore plus auguste cette procession, qu'on peut appeler la fête du sentiment et de la religion , et *spectaculum
Deo dignum.* Au retour de la chapelle de Fourvières, à
laquelle se rattache de grands souvenirs , le cortége
s'est rendu sur la place de Louis-le-Grand. Au milieu
était élevé un autel, entouré d'un Clergé nombreux, sur
lequel M. Juliard a officié. Pendant la célébration des
saints mystères , une musique expressive se mêlait au
son des cloches et au bruit des salves d'artillerie. Le
chant du *Te Deum* entonné à trois reprises différentes
par tous les assistans , a terminé la cérémonie religieuse.

La fête du descendant de Saint Louis a permis aux
Lyonnais de donner ce jour-là l'essor à leurs sentimens.
Elle a ranimé toute leur énergie. Ma voix n'a pas assez
d'expression pour peindre l'enthousiasme qui animait
tous les esprits , qui réchauffait tous les cœurs. Des
larmes d'attendrissement coulaient de tous les yeux. La
joie était sur tous les visages , la sérénité sur tous les

fronts, le sourire sur toutes les lèvres, l'espérance dans
tous les cœurs. La population entière de la ville, hommes,
femmes, enfans, vieillards, attirés par la nouveauté
de la cérémonie, conduits par un même sentiment,
portaient jusqu'au ciel le cri de *vive le Roi*, *vivent les
Bourbons*. La couleur des lys, nationale depuis huit
siècles que la nation l'a adoptée, flottait sur tous les
édifices publics, ornait les fenêtres, parait la tête et le
sein des dames, formait le panache des guerriers. Des
danses, des chants, des illuminations ont terminé cette
belle journée qui n'a été troublée par aucune rixe, par
aucun cri séditieux, et qui est une des plus belles
que des Français aient pu offrir à Louis XVIII.

Mais l'amour, le zèle, la piété des Lyonnais n'étaient
pas satisfaits. Chaque paroisse est allée processionnellement remercier le ciel de l'heureux retour de nos
Princes chéris. Lyon est peut-être la seule ville de
France où l'on ait témoigné tant d'amour pour l'auguste
famille des Bourbons. Pourquoi faut-il que ces princes
magnanimes n'aient pas été les témoins de l'allégresse
générale !

Braves Lyonnais, le tocsin de l'honneur a sonné, il
vous appelle au pied du trône de Louis XVIII. Sou-
venez-vous de votre antique vertu. Rappelez votre noble
courage. Ecoutez la voix de vos pères, qui du sein de
la tombe vous exhortent à suivre la carrière qu'ils ont
si glorieusement parcourue. Retrempez vos ames au feu
sacré du Royalisme, et soyez toujours prêts à voler au
cri français de VIVE LE ROI !

Lyonnais !

Il n'est qu'un seul parti, c'est celui de vos Rois.

(3) Voyez les Mémoires secrets sur Napoléon Buonaparte.

(4) Son extérieur répondait parfaitement à celui des personnes qui l'entouraient. Il était vêtu comme un sans-culotte. Un mauvais chapeau, une méchante redingote étaient le costume qui convenait au chef d'une populace ameutée, et d'une troupe en insurrection.

(5) *Lyonnais, je vous aime*, disait-il en leur faisant ses adieux. Quelle amitié, grand Dieu ! Pour preuve palpable de cette ironique amitié, il voulait attirer sur leur ville, tous les fléaux de la guerre. Voilà les fruits de l'amour d'un tyran. Quels eussent donc été les effets de sa colère ?

(6) Ces mots *vive l'empereur*, *vive l'enfer*, s'accordent à merveille. Ces mêmes cris répétés dans toute la France à l'arrivée de Buonaparte, prouvent que le peuple ne faisait que proférer les blasphêmes qu'on le payait pour dire. On a vu à Lyon des agens du tyran laisser tomber dans les rues, dans les places, des pièces de monnaie, en mettre dans les mains des ouvriers qui les tenaient ouvertes derrière le dos. Il y a des individus qui ont gagné à ce métier jusqu'à 9 fr. par jour. Cet argent provenait des fonds que les Bonapartistes avaient faits pour l'arrivée de leur chef et qui étaient déposés dans la caisse des Fédérés.

On a désigné par trois mots techniques, les partisans de la révolution française. On les a nommés premièrement *Jacobins*, secondement *Bonapartistes*, troisièmement *Fédérés.* En suivant la progression des noms, les *Jacobins* sont au positif, les *Bonapartistes* au comparatif, et les *Fédérés* au superlatif. Ces derniers pour la plupart ont passé par ces trois degrés de comparaison. Dans un temps, la plus grande injure qu'on pouvait dire à un homme était de l'appeler *Jacobin ;* en 1814, c'était de le nommer *Bonapartiste,* aujourd'hui c'est de lui dire *Fédéré.*

(7) M. *Juliard* curé de Saint-François, est un ecclésiastique recommandable par son zèle ardent pour la religion, ses grandes aumônes et son amour pour le Roi. Ses qualités lui ont mérité l'honneur de la proscription. Echappé à la rage des factieux, il a célébré la grand'messe sur la place de Bellecour le jour de la Saint Louis. Quel triomphe !

(8) On faisait jouer *Robert chef de brigands,* les *Victimes cloîtrées,* les *Visitandines,* etc. On criait dans les rues : *L'Evangile selon S. Napoléon,* qui a culbuté S. Matthieu, S. Marc, S. Luc, et S. Jean. Le titre anti-religieux d'*Evangile selon S. Napoléon,* indique un écrit de quatre pages in-8.°, dans lequel on a voulu présenter les idées libérales dans le style évangélique. Voici quelques phrases qui donneront une idée de l'ouvrage :

« Buonaparte voulait la paix, et ses ennemis voulaient toujours la guerre. »

« Le peuple reconnut le grand homme, et il vint au devant de lui, en criant : *Hozanna ! Hozanna !* » C'est présenter l'arrivée de Buonaparte d'une manière bien pacifique.

« La Violette, symbole de la douceur et de la modes-
tie, était le signe de ralliement de l'homme vertueux
et paisible qui voulait le bien de son pays, en désirant
le retour du grand homme, qui menait à sa suite la
gloire, le bonheur et la liberté. »

Cependant au milieu de ces extravagances, on lit
une vérité : « Les poètes avaient dit dans leurs écrits
qu'il était le premier homme du monde, et ils ont dit
ensuite qu'il était un tyran. »

Napoléon est un nom inventé à plaisir. Buonaparte
s'appelait *Nicolas*. Pour rattacher le temps de sa naissance à une époque célèbre dans les fastes de la Monarchie, il l'avait placée au 15 d'Août, anniversaire du
vœu de Louis XIII. Non content d'un Napoléon sur
la terre, on a voulu en placer un dans le ciel. Mais
le Napoléon céleste était d'assez bonne composition,
il faisait tout ce qu'on voulait qu'il fît. Le Napoléon
terrestre au contraire, faisait faire aux autres ce
qu'ils ne voulaient pas. Déjà le Napoléon dit le saint
a délogé du ciel, espérons aussi que Napoléon dit
l'antechrist, délogera de la terre ; et qu'après deux
Napoléons, l'un dans le ciel, l'autre sur la terre, il
y en aura bientôt un troisième dans les enfers.

(9) Voyez les Mémoires secrets sur Napoléon
Buonaparte.

(10) Voyez un écrit de 4 pages in - 8.º, intitulé :
*Conspiration tramée par les fédérés, contre la ville
de Lyon*, et un autre d'une page in-8.º, ayant pour
titre : *Avis aux Lyonnais.* Voyez aussi *les Quinze
Semaines*, etc.

(11) Voyez Mémoires secrets sur Napoléon Buonaparte.

(12) Les ouvriers dévastaient les arbres qui se trouvaient aux environs des redoutes , coupaient des branches de saule , de peuplier , et leur arrivée était annoncée de loin par le mouvement du feuillage qui ressemblait à une forêt ambulante , ou agitée par un fort ouragan.

(13) L'Eglise des Chartreux de Lyon , a servi de magasin à poudre.

(14) Lorsque les ouvriers qui travaillaient aux redoutes établies dans le cimetière de Loyasse (entièrement détruit , et dans lequel il ne reste plus qu'un seul tombeau) , déterraient un cadavre , ils lui disaient : *Mort , lève-toi , prends ta cocarde.* Ils jouaient aux quilles avec leurs os , etc.

On raconte à ce sujet une anécdote très-curieuse , qui doit trouver ici sa place.

Les vents du nord qui ont soufflé avec force vers les premiers jours de Juillet , avaient rendu les nuits froides. Des Gardes nationales qui étaient de piquet au cimetière de Loyasse , jugèrent à propos d'allumer du feu avec les croix du cimetière. La lueur de la flamme attira le capitaine. Indigné de cette profanation des tombeaux , il leur en témoigna son mécontentement , et leur dit que s'il avait su qu'ils voulussent se chauffer , il leur aurait fait venir du bois. Un jeune étourdi se moquant de ses remontrances , courut prendre une croix , en disant : en voilà une de plus à mettre au feu. Curieux de connaître , avant de la brûler , le nom qui était écrit dessus , il lit l'inscription. Mais quel est son étonnement lorsqu'il voit le nom de sa mère , morte depuis deux ans. Frappé comme d'un coup de foudre , il tombe évanoui. On accourt , on cherche à le rappeler à la vie. Il demeure trois heures avant de recouvrer l'usage de ses sens. On le porte chez lui , où il reste plusieurs jours malade.

(15) Voyez l'histoire des Quinze Semaines.

(16) C'est une chose digne de remarque que tous les conspirateurs sont lâches. Ces Fédérés voulaient tous se battre jusqu'au dernier soupir, et pas un n'a osé se présenter devant l'ennemi. Tous ces Rodomons, ces Sacripans , ces Mandricarts , ces Fiers-à-bras, ces Don-Quichottes si redoutables en paroles, si prudens en actions, ont disparu sans brûler une amorce , sans tambour ni trompettes , sans bruit , sans feu et sans fumée. Ces hommes qui étaient les apôtres du Bonapartisme , qui voulaient nous imposer le joug tricolore , les auteurs de cet épouvantable coup-d'état qui a ramené Buonaparte , voudraient se faire passer pour de petits Saints , pour des Saintes-Mitouches. Après avoir crié d'une voix de Stentor , *vive la Ligue* , ils voudraient crier d'une voix doucereuse , *vive le Roi*. Mais nul ne peut servir deux maîtres , Dieu et l'argent , Louis XVIII et Buonaparte.

Ces mêmes hommes qui ont l'air de se ranger du parti du Roi , ont un faible inné pour Buonaparte. En effet il sera toujours l'espoir des Jacobins , le point de mire des factieux , l'espérance de la populace, la terreur des honnêtes gens. Les soldats disent qu'il reparaî-

tra dans trois ans. Les Bonapartistes encore plus em-
pressés de le revoir , disent qu'il reviendra dans six
mois. S'il reparaissait jamais, l'armée se révolterait de
nouveau. Il serait une troisième fois élu, proclamé,
salué Empereur ; fêté , accueilli , applaudi par la canaille ; flatté , encensé , flagorné par les journalistes ;
entouré , conseillé par les Jacobins. On le ferait successivement usurper , abdiquer , reprendre le trône à
volonté ; il serait encore un héros incomparable , il
serait Napoléon le très-grand , l'immortel , l'Empereur
toujours auguste , toujours grand , toujours sublime ;
on s'écrierait avec le Nain-Jaune , *admiration , recon-
naissance éternelle à Napoléon-le-Grand ;* on lui
voterait des remercîmens ; il serait appelé le sauveur de la patrie , le libérateur de la France , le héros ,
la lumière de notre siècle , le Mars de l'univers , le
monarque le plus grand entre les grands , le plus grand
homme de la terre , Napoléon glorieusement régnant,
etc. etc. etc. On le déifierait , et les épithètes seraient
insuffisantes pour célébrer sa prétendue grandeur.

(17) Voyez la conspiration tramée par les Fédérés
contre la ville de Lyon.

(18) On évalue à soixante mille francs la perte occa-
sionnée par le pillage de la maison de M. *Boulard de
Gatellier.* Parmi les objets précieux qui ont été détruits
dans le cabinet de Madame de Sermezi, on distingue :

Un groupe de Lesbie et l'Amour, ouvrage de la compo-
sition de Mme. de Sermezi.
Une jeune Femme priant sur un tombeau.
Plusieurs Esquisses de l'invention de Mme. de Sermezi.

Huit à dix Bustes de grandeur naturelle , modelés
d'après nature par Mme. de Sermezi.
Quantité de Statues moulées sur l'antique.
Plusieurs Ouvrages donnés par *Chinard* à Mme. de
Sermezi.

(19) Voyez *De Buonaparte et des Bourbons* , par
M. de Châteaubriand , page 56 , et les *Mémoires secrets
sur Napoléon Buonaparte.*

(21) Voyez *Les Fédérés de tous les temps traités
comme ils le méritent* , page 10.

(20) J'ai eu l'honneur d'être mis sur une de ces
listes sur laquelle étaient inscrits les noms de 166
Royalistes.

(22) Voyez les *Mémoires secrets sur Napoléon
Buonaparte* , tome 2 , p. 47 et suiv.

(23) Je dis *cruel* , parce que les satellites de la
tyrannie voulaient trouver un moyen de vexer d'honnêtes gens dont tout le crime était d'être fidèles à leur
Roi légitime , dont l'honneur ordonnait impérieusement
de suivre la cause , en même tems qu'il défendait d'embrasser celle de Buonaparte : *inutile* , parce que les êtres
immoraux qui l'exigeaient , savaient par expérience que
le serment est superflu pour l'honnête homme toujours
fidèle à sa parole , et inutile pour l'homme pervers qui
le viole à la première occasion.

L'acte additionnel qui était barbare , révoltait tout
Français attaché à son Prince et à son pays. Un Corse

seul avait pu en concevoir l'idée , et des renégats seuls ont pu le signer.

A l'arrivée de Buonaparte , paroles , sermens , promesses , tout a été oublié , abjuré , renié. Sa seconde usurpation éphémère , a produit le *Règne des apostats*. Mais parmi cette dépravation presque générale , des Français dignes de ce nom , ont refusé de souscrire à ces deux actes tyranniques : il en est qui peuvent se pavaner du noble orgueil de la fidélité. Le serment a été la pierre de touche qui a fait connaître les vrais serviteurs de Louis XVIII.

Cependant au milieu de la perversité générale , on a vu à Lyon dans chaque corps, des membres conduits par les sentimens qui auraient dû animer tous les Français , refuser le serment , et rejeter avec dédain l'acte additionnel. Parmi les adresses présentées au Roi , on distingue celle de l'Académie, imprimée dans le journal de Lyon , du 5 Août 1815. Il est à remarquer que la conduite des membres de ce corps , est d'autant plus louable , que l'Académie de Lyon avait été destituée par le Roi ; que bien loin de suivre l'exemple de ceux qui ayant été conservés dans leurs places par Louis XVIII , l'ont trahi , elle a refusé le serment à l'usurpateur ; que la plupart des professeurs qui ont refusé le serment , n'avaient d'autre ressource que les émolumens de leurs places ; enfin que ce serment était impérieusement exigé par le Gouvernement , sous peine de destitution.

Voici l'extrait de la lettre du Grand-Maître de l'Université , du 3 juin 1815 :

« Maintenant que la Constitution est solennellement acceptée , il ne reste plus de prétexte à aucun fonctionnaire pour refuser la prestation du serment de fidélité à l'Empereur. En conséquence tous les professeurs des facultés de votre Académie , tous les fonctionnaires du Lycée , les principaux et régens des Colléges , les chefs d'institutions et maîtres de pensions qui dans le délai de huit jours n'auront pas prêté le serment , seront sur le champ révoqués. » — Heureusement ces menaces ont été superflues. Il n'y a plus d'Empereur. Le Grand-Maître qui menaçait de destituer les professeurs fidèles au Roi , a été destitué lui-même , et les professeurs qui devaient être destitués , sont maintenus. C'est ainsi que l'homme propose , et que Dieu dispose.

A Sa Majesté Louis XVIII , Roi de France et de Navarre.

SIRE ,

Les Membres de l'Académie et les Professeurs du Collége Royal de Lyon , qui sont restés fidèles à Votre Majesté , s'empressent de déposer au pied du trône l'hommage de leur respect et de leur inviolable attachement pour votre personne sacrée.

Dans les circonstances malheureuses qui viennent de peser si cruellement sur la France , guidés par les lois de la Religion et de l'Honneur , ils ont refusé le serment , et rejeté avec horreur *l'acte additionnel* qui tendait à exclure à perpétuité votre auguste Famille de l'héritage de ses pères.

Nous trouvons , SIRE , la récompense des persécutions suscitées contre nous , des dangers auxquels nous avons été exposés, des dénonciations dont nous avons été l'objet, dans le triomphe de la plus noble des causes.

Dans l'excès de notre joie, nous nous écrions avec le Prophète : Béni soit celui qui vient au nom du Seigneur, rendre la paix à l'Eglise, le bonheur à la France, le repos à l'Europe.

Nous sommes avec le respect le plus profond

SIRE,

de Votre Majesté, etc. etc

Suivent les signatures.

(24) Voyez l'histoire des Quinze Semaines.

FIN.

www.ingramcontent.com/pod-product-compliance
Lightning Source LLC
Chambersburg PA
CBHW071507030726

47593CB00003B/1200